蒸す

揚げる

汁とスープ

もっと魚上手になる7つの話

「日本の魚は世界一おいしい」

海外で暮らすようになってから、日本の魚のおいしさをしみじみ感じるようになりました。島国日本は、親潮と黒潮、2つの海流にはさまれているので、潮の流れにもまれて身の引き締まった魚が、種類多くあります。

北の冷たい海の魚はコリコリと身が締まっているので、塩焼きにするだけでシンプルなうまみが出ます。南の暖かな海の魚は、身がやわらかいからみそや酒粕に漬けて、やわらかさを生かす食べ方を昔からしてきました。

お刺身がおいしいというだけでなく、これだけ豊富な魚を、これだけ知恵を絞って食べてきた国は、ほかにないと思います。だから海外から帰るといつも言っているの。「日本の魚は世界一おいしい」と。

魚料理は難しそう、という声をよく聞きますが、そんなことはないのよ。肉と同じ感覚で料理すればいいんです。焼いたり揚げたり、蒸したり煮たり。魚の基本は肉と同じ。

それに生鮭がなかったらぶり、いわしがなかったらあじ、というように、別の魚を使っても同じ手順でアレンジできるし、それによってどんどんメニューの幅が広がります。これもおいしい魚が種類多くある国に住んでいる幸せでしょう。

粗塩をふっただけの魚のグリル、甘辛い煮つけ、骨つきの魚のだしで作る汁…、こんなシンプルでおいしい料理がたくさん作れるのだから、苦手意識をなくしてもっともっと魚料理を作って食べてほしいですね。

焼く。

あじのしょうが塩焼き
青菜と油揚げのみそ汁

焼く

魚料理の基本はやはり「焼く」ということです。

ひと口に焼くといっても、昔のように網で焼くだけではなく、フライパンやグリルや、オーブンやトースターなど、調理道具を上手に使えば「焦がしちゃった」「煙がこもって大変」という心配はほとんどありません。

「焼く」に向く魚はたくさんあるので、焼き魚から始めて、魚の名前や旬の時期など、魚の基本を知ることもできます。

「魚料理のレパートリーが少ない」「扱い方がわからない」という人には、お魚屋さんと仲良くなるといいわよ、と私はよく言います。近くに魚屋さんがなかったら、魚コーナーの充実しているスーパーを探して通うこと。

そのお店の魚のプロに、おいしい食べ方や保存法、ちょっとしたコツを聞くこともできます。そうすると次にそのお店に行ったときに「この前教えてもらった魚、とてもおいしかった」「よかったね、今日のおすすめはこれだよ」という具合に、身近で頼りになる魚情報が、どんどん増えていくと思います。

「これはちょっと大きめのあじです。塩焼きにするには身の厚いあじのほうがおいしいけれど、一尾づけの小ぶりのいわしやあじでもOK。この場合は全面に塩としょうがをまぶして焼きます

あじのしょうが塩焼き

塩をふった魚に、しょうがのすりおろしをたっぷりのせて焼きます。あじのほか、さばやいわしを使ってもおいしい。

［材料］２人分
あじ２切れ
しょうがのすりおろし（大）１片分
塩適量

［作り方］

1・あじは塩を多めにふり、30分おく。

2・水気をふき、皮目に２～３カ所切り込みを入れる。おろししょうがをたっぷりとのせる。

3・よく熱したグリルまたは網で両面こんがりと焼く。

4・みょうがの酢漬け（下参照）を添える。

「塩をふって少しおき、皮目に切り込みを斜めに入れ、おろししょうがを切り込みの中に入れるようにしてのせるの。しょうがの代わりにみそとみりんを混ぜたものを使うと、みそ焼きも簡単にできます」

プラスもう一品

青菜と油揚げのみそ汁

［材料］２～３人分
青菜（小松菜など）½束
さやえんどう適量　油揚げ１枚
かつおまたは煮干しだし２～３カップ
みそ大さじ２～３

［作り方］
1・青菜は下ゆでをし、水気を絞ってざく切りに。さやえんどうもさっとゆでる。
2・油揚げは熱湯にくぐらせて油抜きをし、細切りにする。
3・だし汁にみそを溶き、２を入れて火を通す。１を入れた器に注ぐ。

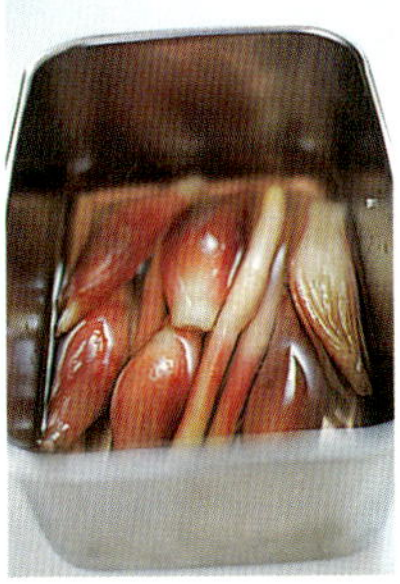

みょうがの酢漬け

ボウルに酢３、砂糖１、塩¼の割合で入れて漬け汁を作る。さっと熱湯に通したみょうがを熱いまま漬ける

いわしのポルトガル風

ポルトガルには、いわしの塩焼きの専門店があるくらいの人気メニュー。たっぷりと塩をふって焼き、蒸しポテトを添えてレモンをギュッ。そしてなんといっても赤ワイン！

［材料］ 2～3人分
いわし4～6尾
じゃがいも（小）5～6個
レモン1個
塩（できれば粗塩）適量

［作り方］

1・いわしは頭とワタを取り除いてよく洗い、水気をふき取ってから、粗塩を強めにふる。

2・焼き網を高温に熱し、1をのせて、両面カリッと焼く。

3・じゃがいもは皮つきのまま蒸し、皮をむく。

4・2に3を添え、半分に切ったレモンを添える。

1　いわしは皮にこんがりとした焼き色がつくまで焼く

2　じゃがいもは皮つきのまま蒸すとホクホクした仕上がりに

ポルトガルの器

イタリアに家を持ってから、旅をすることがさらに増えました。今はポルトガルに気持ちが動きます。風景にも住んでいる人たちにも、もちろん食材や料理にも。そして器。このお茶のセットは150年前のもので、リスボンの骨とう屋で買いました。小ぶりでやわらかな曲線。とても清潔な白色です。持っているのはこの3点だけ。次はカップを選ぼう。

めかじきのシチリア風

みじん切りにした玉ねぎを山盛りのせたソテー。

この玉ねぎがソースの代わりです。

これだけあっても「もっとほしい！」って言われるのよ。

［材料］２人分
めかじき２切れ
玉ねぎ１個　にんにく２片
オリーブオイル大さじ２〜３　ケイパー大さじ２
トマト（小）２〜３個　バジルの葉５〜６枚
塩・こしょう各少々　ドライハーブ少々
レモン½個　マスタード適量

［作り方］

1・めかじきに塩、こしょうをふり、ドライハーブをのせる。軽くたたいてなじませる。

2・玉ねぎはみじん切りにして、水洗いし、ふきんに包んで水気を絞る。新玉ねぎを使う場合は、水洗いしないでそのまま使う。

3・にんにくを包丁の背でつぶし、オリーブオイルで焼く。１を入れてこんがりと焼く。魚を返したら、上に焼けたにんにくをのせて、反対側もこんがりと焼く。

4・器に取り出し、２をたっぷりとのせる。ケイパーをのせ、レモン汁をたっぷりしぼる。

5・ざく切りにしたトマトとバジルの葉を添え、これにもオリーブオイル（分量外）と塩をふる。好みでマスタードを。

1　切り身は厚いほうが、ふっくらと仕上がるのでソテー向き

2　片面が焼けたら返し、にんにくをのせて反対側も焼く

ケイパー

ケイパーは香りと酸味があるので、スモークサーモンだけでなくほとんどの魚に合います。カルパッチョにもよく使いますね。魚だけでなく焼いた豚肉にも合うし、意外なところでは、ゆでたじゃがいものサラダにオイルと一緒にかけるのも好きです。

1

2

3

4

焼き魚の基本

フライパンで焼く

覚えておきたいことは、油を多めに使って、カリッとこんがりと火を通すこと。

そして魚に火が通ってから味つけをすること。

焼いたあとの油はきれいにふけば、においや油っぽさもなく、おいしく仕上がります。

つけ合わせの野菜も、フライパンの中で一緒に調理すれば、短時間でバランスのいいおかずができます。

まずは一年中手に入れやすい生鮭で焼き方を見てみましょう。


1・フライパンをよく熱し、油を入れる。余分な油はあとでふき取るので、ここでは多めに。油の量が少ないとどうしてもくっついてしまう。

2・生鮭を入れて皮のほうを先に焼き、返して両面こんがりと焼く。

3・途中油がはねることがあるので、はね防止のネットがあると楽。これは揚げ物のときも利用できる。

4・フライパンにはかなり油が出ているので、ペーパータオルでふき取る。魚を焼いた油はにおいが気になるので、残しておくと魚もあとで入れるたれもおいしくならない。

ベーシックに甘辛照り焼き

火を通したあとでたれをからめ、にんじんやごぼうを入れてつけ合わせに。めかじきやぶりを使っても。

生鮭の照り焼き根菜ソテー添え

［材料］ 2～3人分
生鮭の切り身2～3切れ
ごぼう1本
れんこん（小）1節
にんじん1/3本
サラダ油・酒各大さじ2
みりん大さじ3
しょうゆ大さじ4
しょうがのせん切り1片分

［作り方］

1・ごぼうは斜め薄切り、れんこんは皮をむいて半月切りにし、酢水にさらす。

2・にんじんは大きめのささがきにする。

3・右ページを参照して生鮭を両面焼く。

4・油をよくふいてから、みりんとしょうゆを入れてからめる。フライパンの片側に寄せ、あいたところに水気を切った1と2を入れ、野菜に酒をふる。ふたをして中火で5分蒸し煮にする。

5・鮭を取り出し、根菜類に汁をからめて取り出す。しょうがのせん切りをのせる。

根菜類に残ったたれをからめる。少し歯ごたえが残る程度に仕上げる

中華風の味つけで

生鮭を焼いたあと、豆豉やにんにく、しょうが、ごま油を混ぜた香りのいいたれをからめます。

生鮭のソテー豆豉ソース

［材料］ 2人分

生鮭の切り身2切れ
わけぎ2〜3本
サラダ油大さじ2
A（豆豉のみじん切り大さじ½
にんにく・しょうがのみじん切り
各小さじ1
豆板醤小さじ1　ごま油大さじ1
酢小さじ2　しょうゆ大さじ2）

［作り方］

1・Aの材料をバットに合わせておく。生鮭は1切れを3等分する。

2・フライパンを熱してサラダ油大さじ1を入れ、ざく切りにしたわけぎをさっと炒めて取り出す。

3・油大さじ1を足して熱し、生鮭を両面こんがりと焼く。焼きたてを1のたれに漬ける。

4・皿にわけぎを入れて3をのせ、残ったたれをかける。

まずわけぎを炒めて取り出し、このあとで鮭をソテーすると手順がスムーズ

オリーブオイルを使って

焼く油をオリーブオイルに替えると、洋風の仕上がりになります。カリカリのパン粉をソース代わりに。

生鮭のソテーにんにくパン粉がけ

[材料] 2人分
生鮭の切り身2切れ
にんにくのみじん切り2片分
オリーブオイル大さじ5強
パン粉½カップ
パセリのみじん切り大さじ1
ズッキーニ1本
スペアミントの葉適量
塩・こしょう各適量

[作り方]
1・生鮭は1切れを2〜3等分して塩、こしょうをふり、オリーブオイル大さじ2で焼く。
2・フライパンにオイル大さじ2とにんにくを入れ、弱火できつね色に炒める。パン粉を入れてカリッと炒め、塩、こしょう各少々とパセリを加える。1を入れてまぶす。
3・耐熱皿に6〜7㎜に切ったズッキーニとオリーブオイル大さじ1強、塩、こしょう各少々をかけ、220℃のオーブンで7〜8分焼く。ミントと一緒に2に添える。

にんにくパン粉を作ったフライパンに生鮭を戻して手早くまぶし、器に盛る

1・いわしやあじなど皮のついた魚は、頭とワタを出した後、脱水シートに包んでおくと水っぽさが抜け、グリルしたときに香ばしさが増す。
2・グリル内は十分に温め、温度を高くしてから魚をのせる。高温で短時間に火を通すのがグリルのポイント。
3・焼き上がったいわし。このぐらい焼き色がつき、皮目がパリッと乾いた感じになるまで火を通す。焼き上がる前にたれやソースは用意しておき、熱々の状態でからめる。

焼き魚の基本

グリルで焼く

塩をふってグリルする魚もおいしいけれど、いつもそれではちょっと飽きてしまいます。でもグリルで焼いたあと味つけする方法を知っていると、焼き魚のレパートリーは何倍にも広がります。

グリルで魚を焼く基本は、高温・短時間で火を通すこと。こうすると表面はカリッと、中はやわらかく火が通ります。

たとえばいわし、グリルで上手に焼けば皮もパリッと焼き上がります。

いわしやあじ、さば、さんま、いさきなど青背の魚がグリル向き。めかじきや鮭もおいしい。身のやわらかいたいなどはやや不向き

焼いてすぐたれに漬ける

カリッと焼いたいわしを、にんにくじょうゆに漬けるだけ。しょうがじょうゆにしてもおいしい。

いわしのグリル大根おろしのせ

［材料］ 2～3人分
いわし6尾
A（にんにくのすりおろし2片分
しょうゆ大さじ3）
大根⅓本
青じそ10枚

［作り方］
1・いわしは頭とワタを取り、洗って水気をよくふく。
2・グリルの網をよく熱し、1をのせてこんがりと焼く。焼きたてをAに漬ける。皿にのせて、大根おろしをのせ、残ったAをかける。青じそをちぎってのせる。

たれに焼きたてのいわしを入れる。箸でころがしながら全体にからめる

たれを好みでかけながら

焼き魚にもつけ合わせの野菜にもよく合うねぎだれ。このたれがあるから、魚は塩をふらずに焼きます。

あじのグリルねぎだれがけ

［材料］ 2人分
あじ（三枚におろす）2尾
A（ねぎのみじん切り$\frac{1}{2}$本分
しょうがのみじん切り1片分
しょうゆ大さじ2
酢小さじ1）
もやし$\frac{1}{2}$袋
好みで七味唐辛子少々

［作り方］
1・Aの材料を合わせておく。
2・あじはグリルでカリッと焼く。
3・もやしはひげ根を取り、さっとゆでる。
4・器に2、3を盛り、1にかける。好みで七味をふる。

ねぎとしょうが、酢としょうゆ。シンプルな組み合わせが魚の味を引き立てる

切り身魚をカリッと焼いて

フライパンで焼くことの多い切り身魚も、グリルで焼くと香ばしさが増し、新鮮な一皿になります。

めかじきのグリルバジルソース

［材料］ 2人分
めかじきの切り身2切れ
A（バジル2本 にんにく½片
オリーブオイル大さじ2
塩・こしょう各少々）
ケイパー小さじ2
トマト½個
にんじん1本
レモン適量

［作り方］
1・バジルソースを作る。Aをフードプロセッサーにかけて細かくし、刻んだトマトを混ぜる。
2・めかじきはオリーブオイル少々（分量外）をぬってグリルする。
3・2に1をかけ、ケイパーを散らす。ゆでたにんじんとくし形に切ったレモンを添える。

バジル、にんにく、オリーブオイルで作るソースはパンやパスタに使っても

あじのエスニックつみれ

にんにくやしょうがを混ぜたあじのつみれ。フライパンで焼いたり、さっとゆでたり、スープにしてもおいしい。

［材料］ 2〜3人分
あじ（中） 2尾
A（にんにく・しょうが各1片
香菜の根元2本分　唐辛子1本）
ししとうの小口切り3本分
ミント・しそ・香菜など各適量
B（にんにくのみじん切り1片分
唐辛子のみじん切り1本分
酢・ナンプラー各大さじ2
砂糖大さじ1　水大さじ1〜2）
サラダ油適量

［作り方］

1・あじは三枚におろし、包丁でたたく。

2・Aをみじん切りにし、ししとうと一緒に1に加えてよく混ぜる。ここまでのプロセスはフードプロセッサーを使うと簡単。

3・小判形にまとめる。フライパンを熱して油を引き、こんがりと焼く。

4・残りの野菜とともに、Bを混ぜたたれにつけていただく。

1　あじは三枚におろして（56ページ参照）小骨を取り除く

2　フードプロセッサーの場合はすり身にししとうを混ぜる

3　大さじ山盛り1を取り、手で軽くまとめて小判形にする

4　フライパンにくっつきやすいので油は多めに引く

焼きあじの炊き込みごはん

塩をして焼いたあじを、昆布やしょうがと炊き込むので、魚臭さもなく、うまみのあるごはんになります。さんまやたいの炊き込みごはんも同じ手法で。

［材料］ 3〜4人分
あじ2尾
だし昆布5㎝
米3カップ
A（酒⅓カップ　塩小さじ½
しょうがのしぼり汁大さじ1）
しそ20枚

［作り方］

1・あじは頭とワタを取りゼイゴを取り除く。三枚におろし、塩ふたつまみ（分量外）をふり30分くらいおく。

2・1をこんがりと焼く。

3・鍋または炊飯器にといだ米とだし昆布、Aを入れ、米と同量の水を入れて混ぜる。上に焼いて切り分けたあじをのせて炊く。

4・炊き上がったらあじをそっと取り出し、骨を除いて細かくほぐす。ごはんに混ぜる。

5・しそを細く切って水洗いし、絞ってから器に盛った4にのせる。

1　だし昆布としょうがと酒を使うと、香りのいいごはんに

2　炊き上がった状態。あじはいったん取り出して骨を除く

ステンレスの器

材料を入れる、水にさらす、下味をつける…などいろいろな場面で使うボウルやプレート。サイズがばらばらだと不便なので、デザインしてステンレスで作ってもらいました。プレートはボウルのふたにもなり、重ねて冷蔵庫に入れることができます。

㈲明道　☎0256-61-1234

いさきのハーブ焼き

ハーブを詰めて焼いたイタリアの魚料理です。じゃがいもを一緒に焼くのがポイントで、魚とハーブの味と香りが下に敷いたじゃがいもに移り美味。

［材料］ 3～4人分
いさき（25～30㎝くらいのもの）1尾
じゃがいも4個　にんにく2片
プチトマト15個
オリーブオイル大さじ4
ハーブ類（タイム、ローズマリー、パセリ、ローリエ、セロリの葉など合わせてひとつかみ）
粗塩・こしょう各適量

［作り方］

1・いさきはウロコを引いてワタを出し、皮目に包丁を入れて粗塩をふる。30分ほどおく。

2・1のおなかと口にハーブを詰める。

3・じゃがいもは皮をむいて1㎝厚さに切り、水にさらした後、下ゆでする。

4・耐熱皿にオリーブオイル適量（分量外）をひき、3を並べて塩、こしょうをふる。プチトマト、薄切りにしたにんにくを並べ2をのせ、上からオリーブオイルをかける。

5・210℃に熱したオーブンに入れて約30分、皮がパリッとするまで焼く。

1　ワタを取り出した部分と口に、ハーブをいっぱいに詰める

2　じゃがいもは下ゆでするとほっくりとおいしく焼き上がる

魚とハーブ

魚のにおいを消し、風味をつけるため、イタリアの魚料理では、ハーブをたくさん使います。和食でいうとしょうがやみょうが、青じそなどの役目ですね。オーブン焼きの場合は魚のおなかにハーブを詰めます。ここではタイムとローズマリー、セロリの葉、パセリなど。写真のハーブが全部、一尾のいさきに入っています。

めぎすの南蛮漬け

めぎすは青背の魚。焼いてからちょっと甘めのたれに漬けます。きすやいわしやあじ、生鮭も南蛮漬けに向きます。

[材料] 2～3人分
めぎす7～8尾
玉ねぎ1個
唐辛子2本
A（米酢⅓カップ
砂糖大さじ2
しょうゆ¼カップ）

[作り方]

1・めぎすは頭とワタを取って洗い、水気をよくふく。

2・玉ねぎは薄切りにする。唐辛子は種を取り除いて細切りにする。

3・めぎすは焼き網またはグリルで焼く。

4・バットにAを入れてよく混ぜ、砂糖を溶かす。玉ねぎの半量と唐辛子を敷き、焼きたての3をのせる。残りの玉ねぎをのせ、1時間以上、漬け汁になじませる。

1　めぎすはよく熱した焼き網にのせ、こんがりと焼く

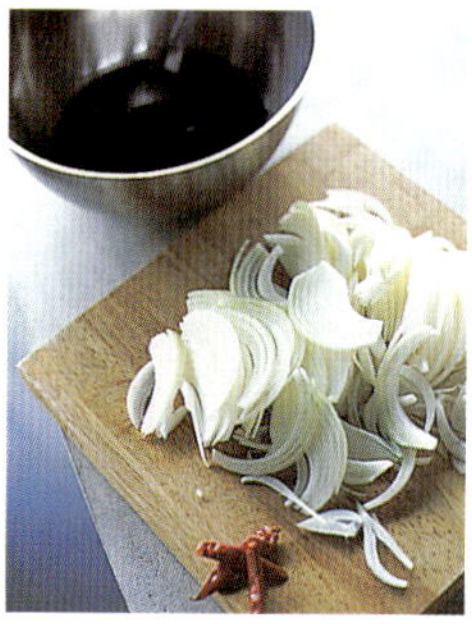
2　玉ねぎは歯ざわりがいいように繊維に沿った薄切りにする

3　漬け汁と玉ねぎで焼いためぎすをはさむと味がよくしみる

調味料の収納

しょうゆやみりん、酒など、毎日使う調味料は注ぎ口のついた容器に移し替えています。びんのままより持ち運びも楽だし、計量もしやすい。注ぎ口部分の汚れもさっとふいて取れるところも気に入っています。

ぶりの幽庵焼き

酒、みりん、しょうゆを同量使った、やや濃いめのたれに漬けてから焼くのが幽庵焼き。お弁当のおかずにも。

［材料］ 2人分

ぶりの切り身2切れ
酒・みりん・しょうゆ各大さじ3
みょうがの酢漬け1個

［作り方］

1・酒、みりんを小鍋に入れ弱火にかける。アルコール分をとばしてからしょうゆを加える。

2・ぶりの切り身を入れ、30分以上おく。

3・グリルかフライパンで2をこんがりと焼く。途中で漬けだれに一度漬けるか、はけでぬる。

4・みょうがの酢漬け（9ページ参照）を添える。

生鮭のレモンマリネ焼き

レモン汁に漬けて香りよくマリネし、フライパンかグリルで焼きます。パスタにもよく合います。

［材料］ 4人分
生鮭の切り身4切れ
レモン汁大さじ5
A（にんにくのすりおろし1片分
香菜またはイタリアンパセリの
みじん切り3〜4本分）
ズッキーニ1〜2本
スペアミント適量
オリーブオイル適量
塩・こしょう各少々

［作り方］

1・生鮭に塩、こしょうをふる。

2・バットにレモン汁とAを合わせ、1を入れる。冷蔵庫で1時間以上マリネする。

3・2の汁気をふき、オリーブオイルをかける。フライパンまたはグリルでこんがりと焼く。

4・ズッキーニのグリルの作り方は17ページ参照。3と一緒に皿に盛りミントの葉を添える。

煮る。

あじの梅煮
山菜の天ぷら

煮る

煮魚には、さっと煮るものと、しっかり味をつけるものと、2タイプがあります。
きんめだいやかれいやたらのように、やわらかい身に煮汁がふわっと
からんだ煮つけの場合は、調味料の基本配合を考えています。
それは、酒とみりんとしょうゆと水を同配合で合わせること。
たとえば切り身魚が4切れだとすると、それぞれは1/3カップずつ。
使っているしょうゆによって、味の濃さは変わるので、
ちょっと辛いと思ったらしょうゆを少し減らすこともあります。
こっくりとした味をつける場合は、油で炒めたり辛味をプラスするなど、
もうひと味をプラスして少し時間をかけて煮ます。
どちらにしても中途半端な味つけはしないこと。ぼやけた味になると、
煮魚はおいしくありません。そしてできるだけ身の厚い魚を選ぶこと。
焼き魚の場合もそうですが、見た目が大きくても薄い魚より
小さくても身の厚い魚が、火を通したあとは絶対においしいですから。

イタリア、トスカーナ在住のクリスチャンヌ・ペロションさんの器。薄手で繊細な表情。イタリアンや洋食はもちろんのこと、和食を盛ってもほれぼれするくらい素敵なのです。なかでもこのピンクやパープル系の器のことを私は「桜の器」と呼んでいます

あじの梅煮

梅干しの酸味を利用してさっぱりと仕上げる煮物。

やわらかくなっただし昆布は、最後に一緒に盛りつけます。

［材料］ ３～４人分
あじ２～３尾
梅干し３～６個　しょうが１片
日高昆布 10㎝　酒$\frac{1}{3}$カップ
A（しょうゆ大さじ３～４
酢大さじ２　みりん大さじ１）

［作り方］

１・あじは頭とワタとゼイゴを取り、３㎝幅のぶつ切りにする。

２・酒と水$\frac{1}{3}$カップに、昆布を浸し 30分おく。

３・鍋に２の昆布を敷いて１を並べ、２の汁とA、梅干しとしょうがの薄切りを入れる。

４・落としぶたをし、弱めの中火で汁気が鍋底に少しになるまで煮る。昆布は食べやすく切って一緒に盛る。もう少し甘くしたければ、みりん大さじ２～３を足す。

「酒と水に昆布を浸しておき、これをだしにして煮るの。あとの味つけがシンプルなぶん、こんなベースがあると、簡単でおいしい煮物が作れます。梅干しの酸味があるから、落としぶたにアルミホイルは使わないで、オーブンシートを使います」

プラスもう一品

山菜の天ぷら

［材料］ ２～３人分
たらの芽・ふきのとう各５～６個
小麦粉$\frac{1}{2}$カップ
揚げ油適量　塩少々

［作り方］
１・粉に冷水大さじ５を入れて衣を作る。
２・たらの芽とふきのとうを１にくぐらせ、中温の油で揚げる。揚げたてに塩をふる。

「これは粉と水だけ、卵を使わない衣です。そのほうが素材の味が素直に広がる気がするの。秋はまいたけやしめじ、いも類やにんじん、ごぼうなどもこの衣で揚げます。少しコクがほしいときは、サラダ油とごま油を半分ずつ混ぜてもいいですね」

きんめだいの煮つけ

やわらかく汁がからんだ煮魚の定番。煮汁は酒、みりん、しょうゆ、水を同量使う、覚えやすい配合です。

［材料］ 3〜4人分

きんめだいの切り身3〜4切れ
酒・みりん・しょうゆ・水各$\frac{1}{3}$カップ
しょうがの薄切り1片分
わけぎ1束
あれば木の芽適量

［作り方］

1・平鍋またはフライパンに酒、みりん、しょうゆ、水としょうがの薄切りを入れて煮立てる。きんめだいを皮を上にして1切れずつ入れる。これは一度に入れると、煮汁の温度が下がるため。

2・汁をかけながら煮、皮の色が変わったら真ん中に穴をあけたアルミホイルをかぶせる。もう1枚ふたを重ね4〜5分煮る。

3・落としぶたを取り、鍋のあいているところに4〜5cmに切ったわけぎを入れる。

4・さっと煮て煮汁を含ませ火を止める。器に盛り、あれば木の芽を添える。

1　魚は煮汁が煮立ってから入れる。魚が重ならないように

2　煮魚は返さないことが鉄則。煮汁をスプーンでかけながら

3　魚の皮にくっつかないように、ホイルはくしゃっとかける

4　わけぎはすぐに火が通るので、最後に入れてさっと煮る

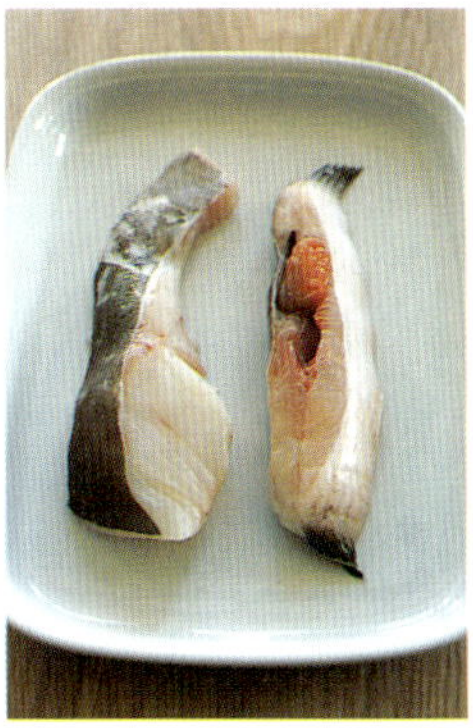

きんめだいのほかに煮魚としてよく使われる、たらとかれい。どちらもきんめだいと同じ手順で煮つけます。たらは味が淡白なので、煮汁のしょうゆを少し減らしても

煮魚には薄い汁でさっと煮るものと、少し濃いめの煮汁をしっかり含ませて煮るものとがあります。身のやわらかいやりいかは、さっと火を通すほうがおいしい素材です。

やりいかのさっと煮

［材料］3～4人分

やりいか（小ぶりのもの）4はい
A（酒・みりん・しょうゆ・水各1/4カップ強）
しょうが2～3片

［作り方］

1・やりいかは足を抜いて、ワタと目、口を取り除く。皮目に1㎝幅の切り込みを入れる。

2・平鍋にAとしょうが1片の薄切りを入れる。煮立ったところにいかを入れ、いかがふっくらしたらすぐに引き上げる。

3・煮汁だけ半量になるまで煮詰め、いかを戻してすぐに火を止める。器に盛り、残りのしょうがをせん切りにしてのせる。

するめいかは身が厚くややかたいので、煮汁の味をしっかりからませたい素材。これはごま油で風味をつけた炒め煮。冷めてもおいしいからお弁当のおかずにもよく作りました。

するめいかの甘辛ごま煮

［材料］ 3〜4人分

するめいか2はい（冷凍でも可）
酒½カップ
砂糖大さじ4
しょうゆ大さじ3〜4
いりごま大さじ2
ごま油大さじ2

［作り方］

1・いかはワタを抜いて1㎝幅の輪切りにする。足は2〜3本ずつに分ける。

2・ごま油を熱して1をよく炒める。

3・しっかり炒めたら酒、砂糖、しょうゆを入れて、ひたひたになるまで水を加えて火にかける。汁気がすっかりなくなり照りが出るまで煮る。

4・器に盛り、いりごまをふる。

たらと豆腐のキムチ煮

キムチをたっぷり使う、ごはんによく合う煮物です。

ここではたらを使いましたが、かきやいかでもおいしい。

［材料］ 3～4人分
生たらの切り身2～3切れ
豆腐1丁
キムチ1カップ　にら1束
にんにくのすりおろし1片分
みそ大さじ1強　しょうゆ少々
昆布と煮干しのだし1½カップ
ごま油大さじ1

［作り方］

1・たらは1切れを3～4等分する。豆腐は6等分する。

2・鍋にだし汁を入れ、にんにくとみそを入れて火を通す。

3・たらを入れてひと煮し、豆腐と食べやすく切ったキムチを加える。アルミホイルでふたをし、味が全体に回るようにして煮る。

4・味をみて、しょうゆでととのえる。最後に食べやすく切ったにらを入れてさっと煮る。

5・仕上げにごま油をたらす。

1　平鍋にだし汁、にんにく、みそを入れ混ぜて火を通す

2　まずたらを入れ、豆腐、キムチを片寄らないように入れる

3　ホイルをかぶせ、もう1枚のふたで軽く押さえて煮る

昆布と煮干しのだし

だしは本当に大切にしたいものだと思います。たっぷりのかつおぶしでとるだし、品のいい昆布のだし、小魚のだし…。だしがおいしければ特別な調味料がなくても料理はおいしくなるのよ。このだしは昆布と煮干しをひたひたの水につけておくだけ。このまま飲みたくなるほどおいしい。

いわしの唐辛子酢煮

ワインビネガー、唐辛子、にんにくを入れた煮汁を使う洋風の煮物です。よく冷やして前菜に、パンにもパスタにも合うので、お客様がいらっしゃるときによく作りますね。

［材料］3〜4人分
いわし（小ぶりのもの）5〜6尾
にんにく薄切り1片分
唐辛子2〜3本
白ワインビネガー½カップ
水⅓カップ
塩小さじ1
オリーブオイル大さじ2〜3
あればグリーンペッパーの酢漬け小さじ1〜2

［作り方］
1・いわしは頭とワタを取る。
2・小鍋ににんにく、唐辛子、ワインビネガー、水、塩を入れて煮立て、1を入れて煮る。火が通ったら煮汁につけたまま冷ます。
3・取り出して器に盛り、オリーブオイルとグリーンペッパーの酢漬けをかける。

火が通ったらそのままよく冷まして、ゆっくりと味をなじませる

ワインビネガー

名前のとおりワインを材料にした果実酢のこと。日本の酢はほとんど穀物酢ですが、それよりは少し酸味が強く、きりっとした味になります。このいわしのメニューも好みでワインビネガーを米酢に替えてもいいし、オリーブオイルの量を増やしてもおいしい。時には塩の代わりにナンプラーを使うこともあります。

旬の魚、元気のいい魚に
会いたくなると、海を見ながら、
新潟、寺泊の魚市場に向けて
車を走らせます。

広い通りに面した市場なので、初めての人でもとても買いやすいと思います。今日はいい天気、海も見に行きたいから、帽子も忘れずに

一尾売りだったり、箱売りだったり、買う側の気持ちをいろいろと考えて並べられている。どう使ったらおいしいか相談しながら選ぶ

1年ほど前に、長野県野尻湖の近くに小さな家を建てました。長野といっても野尻は軽井沢よりもさらに北、新潟県に近く、冬はかなり雪が積もります。ご近所の方、買い物をするお店、食事をしに行くお店…少しずついろいろな人と知り合い、地元の情報も入ってくるようになりました。一軒のおいしい魚屋さんから、魚は新潟に仕入れに行くという話を聞きました。

私もすぐに行きたくなって、日本海側に車を走らせ、最初は柏崎の漁港に向かいました。それからさらに北上し、このごろは寺泊港とすぐ近くの市場へよく行きます。野尻からは1時間半の行程ですが、東京と違い、時間にも気持ちにもゆとりがあるので「なんだ、近いじゃない」と、とても軽い気持ちで出かけます。

今までも仕事で漁港や市場の撮影に行ったことはありますが、今度は自分のため。「これを買おう、あれを買わなければ」というのではなく、

天然の真だいが1尾1500円。焼こうか、煮るか、それとも刺身？　大きな魚はすぐに下処理をしてくれる

殻つきの貝類も豊富。殻いっぱいに身が詰まった大きなほたてもかごに山盛り。焼いてしょうゆをジュッとかけて食べよう

「何が買えるかしら」という期待にわくわくしながら市場に入り、ひと回りして、魚の置き方を見ます。旬の魚、その日の漁の成果、めったに見られない珍しいもの。山盛り積まれたいわしを見ていたら、「今日のいわしはいいよ。昨日までは全然とれなかったのにね」という声。「じゃあ、いわし！」と笑顔で商談成立。

市場の方がよく言われるのは、日本海といえども海が暖かくなって、とれる魚の種類が年々変わってきているということです。いちばん驚いたのは、かにが少なくなっているということ。地球温暖化の影響を、ここでも知ることになるとは。あじやいわしなど、旬だからと期待した魚が空っぽだったりすることもよくあります。こんな話を聞くなかで、市場で元気に並んでいる魚を見ると、日本の魚を大事に料理したいとあらためて思うのです。

撮影協力／角上魚類　山六水産

買い物の合間にお店の人からの魚情報をいろいろとキャッチ。保冷剤を入れてもらい車へ。大きなクーラーボックスが待っている

刺身を使う。

まぐろのからしじょうゆがけ
ガーリックブレッド

刺身を使う

このごろは刺身の種類が本当に多くなりました。

盛り合わせのパックも多いし、スーパーやデパートの閉店前に値段の下がった刺身を買って帰るという話もよく聞きます。

でも、種類は増えても、いつもしょうゆとわさびで食べているのでは、飽きてしまうし、献立もマンネリになってしまいますね。

しょうゆ味がベースとしても、わさびでなく、からしやしょうがを使う。

ごま油やオリーブオイルを混ぜる。ゆずやすだちやレモンなど、柑橘類の香りをプラスする。つまの大根でなく、サラダ感覚の野菜を合わせてみる…。

こんな工夫をするだけで、刺身メニューの幅はすごく広がりますよ。

もうひとつ覚えておくといいのは、表面だけさっと火を通すこと。

外側は香ばしく中には生のやわらかさが残っている、あぶり焼き感覚のおかずもおいしいです。まぐろはもちろん、鮭やぶりやかつおやはまちも。

種類が増えたぶん、ひと手間加えて料理する楽しみも増えてきました。

まぐろは切ってあるものではなく、サクで買うほうが使いやすい。赤身、中とろ、めじまぐろ、インドまぐろなど、種類が増えて選ぶ楽しみもあります。脂ののりに合わせて、使うオイルの量を加減したり、レモンやすだちなどの香りをプラスしてもおいしい

まぐろのからしじょうゆがけ

値段が手ごろで、一年中あって種類も豊富なまぐろ。
オリーブオイルやからしを使ってこんな新鮮アレンジに。

［材料］２～３人分
まぐろ刺身２～３人分
Ａ（練りからし小さじ１
オリーブオイル大さじ２
しょうゆ大さじ１強）
あさつきまたは万能ねぎ３本

［作り方］
１・Ａを混ぜ合わせる。
２・刺身は少し厚めに切る。
３・皿にオリーブオイル少々（分量外）をぬり、２を並べる。１をかけて、小口切りにしたあさつきをのせる。

「お皿にもオイルをぬっておくと、お刺身全体に味がからむし、取り分けるときにくっつかないでしょ。からしじょうゆは、小さなボウルでさっと混ぜるだけ。からしをわさびやしょうがに替えたり、オリーブオイルをごま油に替えたり、好きな味で作ってみてくださいね」

プラスもう一品

ガーリックブレッド

［材料］２～３人分
バゲット½本　にんにく１片
オリーブオイル適量
ドライバジル適量

［作り方］
１・バゲットは長さを半分に切り縦４～６等分する。オリーブオイルを軽くふる。
２・オーブンまたはオーブントースターで焼き、にんにくをこすりつける。皿に盛り、ドライバジルをふる。

「にんにくをすりおろしてオリーブオイルやバターに混ぜる方法もあるけれど、もっと簡単に焼いたバゲットの切り口ににんにくをこすりつけます。このくらい軽く香りをつけるほうが、合わせるおかずを選ばないので利用範囲が広いと思いますよ」

まぐろとアボカドはとてもよく合う素材。両方とも角切りにして和えると、食べごたえのある一品になります。レモン汁をたっぷり使い、その分しょうゆは少し控えめに。

まぐろとアボカドのわさびオイル和え

［材料］ 2～3人分
まぐろの刺身150ｇ
アボカド2個
レモン汁大さじ3
A（オリーブオイル大さじ3
おろしわさび小さじ1
しょうゆ適量）

［作り方］
1・まぐろは角切りにする。
2・アボカドは、まぐろと同じくらいの大きさに食べやすく切り、レモン汁をふっておく。
3・ボウルにAを混ぜて1を加え、汁気を切った2を加えて和える。

ごま油を使うと、ぐっと和風のおかずになります。
焼きのりとさらしねぎを一緒に使ってどんぶりに。
まぐろのほか、白身魚やかつおやいかの刺身を使っても。

まぐろのごまじょうゆ漬け丼

［材料］ 2～3人分
まぐろの刺身150ｇ
ねぎ½本
おろしわさび小さじ1
しょうゆ大さじ2
ごま油大さじ1
焼きのり1枚　いりごま適量
温かいごはん適量

［作り方］

1・まぐろは厚めにスライスする。大きい場合は食べやすく切る。

2・ねぎは太めのせん切りにして冷水にさらし、シャキッとさせる。

3・ボウルにわさびとしょうゆ、ごま油を入れて混ぜる。1を入れて全体に和え、水気をよく切った2も混ぜる。

4・ごはんにちぎったのりと3をのせる。いりごまをふる。

セヴィーチェ

白身魚の刺身にトマトや玉ねぎをプラスした、メキシコのサラダ感覚のおかずです。味つけはレモン汁とタバスコ。さっぱりキリッとした酸味でいくらでも食べられそう。

［材料］２～３人分
白身魚（たいなど）の刺身２～３人分
アボカド１個
玉ねぎ½個
トマト１個
レモン汁適量
香菜２本
塩・タバスコ各少々

［作り方］

１・刺身は少し厚めに切る。

２・アボカドは食べやすく切り、レモン汁少々をかけておく。トマトも食べやすく切る。

３・玉ねぎは薄切りにする。

４・ボウルに１とレモン汁大さじ２、塩少々を入れて15分おく。刺身が白っぽくなったら、２、３、ざく切りにした香菜を加え、タバスコをかけて全体を和える。

1　刺身は少し厚く切ると、他の材料とのバランスがよい

2　刺身に合わせて、アボカドやトマトも食べやすい大きさに

3　レモンはフォークで果肉をはずすようにしてしぼると簡単

香菜（シャンツァイ）

香菜は中華やベトナム、タイなどアジアの料理に欠かせない素材ですが、このセヴィーチェのようにメキシコ料理にもよく使われます。白身魚はもちろんのこと、トマトにもレモンにも玉ねぎにも合うから、今度はトマトと香菜とレモンだけでサラダにしようかな、とレシピが広がります。

これだけは覚えたい

あじのおろし方

「魚をおろす」といっても難しいことはありません。
あじなら開くのも骨を取るのも簡単。
この手順さえ覚えておけば、塩焼きから煮物、
つみれまでおいしい魚メニューがどんどん広がります。

このごろはスーパーでも魚をおろしてくれるところが増えてきたけれど、あじなら、家のふつうのまな板、ふつうの包丁で簡単におろせます。最初は包丁の入れ方がわからなくて、身がぎざぎざになったり、骨に身が多くくっついたりしますが、すぐに慣れて上手にできるようになりますよ。家のおかずだもの。ちょっとぎざぎざしていたって味に変わりはないし、骨に身が残ったら、それをだしにして汁を作ればいいの。そう考えれば平気でしょう?

あじがおろせれば小さいいわしはもっと簡単。あじもいわしも、焼き物から煮物、揚げ物、汁やつみれまで、和洋中どんな料理にも使える万能素材。値段の安いときに多めに買って、頭とワタを取り除いておけば、冷凍保存もできます。忙しいときに、こんな素材がストックしてあると、毎日のおかず作りがとても楽になりますよ。

1・ゼイゴを取る

尾の近くにあるかたい部分がゼイゴ。尾の側から包丁を浅く斜めに入れて、そぎ取る

2・胸ビレに包丁を入れる

ヒレが手前にくるように置いて、包丁を身の中央まで入れる。反対側も同じようにする

3・頭を落とす

骨に届くまで包丁を入れて、一気に頭を落とす。あまり力を入れなくても大丈夫

4・ワタを出す

腹側の皮の薄いところに包丁の刃先を入れ、ゼイゴの先部分まで広く開いてワタを出す

5・水洗いする

手でおなかを開いて中を洗う。残っている血や汚れを取り、ペーパータオルでふく

6・身と中骨に分ける

背側に包丁を入れ、中骨に沿って尾のほうに引き切り離す。反対側の身も同様に

7・腹骨の部分を取り除く

２枚の身のそれぞれに、ねかせるようにして包丁を入れ、腹骨の部分を取り除く

２枚の身と中骨の計３枚になるので、このおろし方を「三枚おろし」という。身の部分の皮を取って刺身に。粗くたたいて薬味と一緒にすると「あじのたたき」のでき上がり。残った中骨の部分は、汁物のだしに利用できる

知っていると便利

魚の上手な保存法

肉に比べて傷みやすいといわれる魚。
それをおいしく食べるには賢い方法があります。
ちょっと残った魚、まとめ買いした魚は
こんなテクニックでおいしさをキープ。

おろしたあじをバットに入れて塩少々をふり、酢（できれば米酢）をひたひたにかけて味をなじませる。このまま密閉できる袋に入れておいてもよい。あじの片側だけでなく、両面に酢がなじむようにすること。レモン汁やオイルでマリネする場合も同じ方法で。マリネした魚を焼く場合は、表面の汁気をふいてから焼く（31ページ参照）

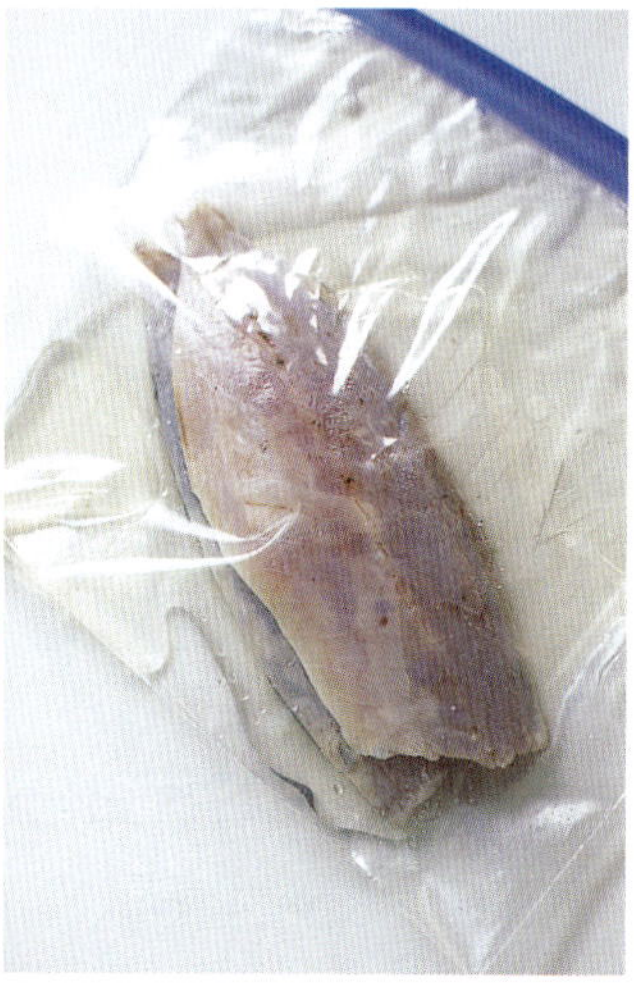

あじやいわしのような頭つきの魚は、まず、頭とワタを取り除き、きれいに洗って水気をよくふいてから保存します。鮮度の高いものならそのままでも冷凍保存できますが、脱水シートに包んでおくと余分な水気が出て、よりいい状態で保存することができます。

魚の保存法として昔から使われてきたのは、「酢でしめる」こと。これは酢が腐敗を防ぐためで、買ってきたあじが食べきれない場合など、酢をかけて保存袋に入れるだけで、翌日は酢じめにしたあじのサラダやどんぶりにすることができます。

生鮭やめかじきなど、切り身魚を翌日食べる場合は、レモン汁やオリーブオイルをかけてマリネにすることがおすすめです。にんにくやハーブ、カレー粉などを一緒に入れれば香りもつき、焼いても揚げてもおいしい一品になります。どれもほんのひと手間。上手に利用してください。

あじの酢じめとみょうがのどんぶり

［材料と作り方］ 2～3人分

1・あじ2尾は三枚におろし、両面に塩ひとつまみ強をふって20分おく。米酢適量をひたひたにかけ、さらに20分おく。小骨と皮を取り、そぎ切りにする。

2・みょうが2個は縦半分から薄切りにし、氷水に放ってシャキッとさせる。

3・青じその葉4～5枚をせん切りにし、人肌に冷ましたごはんに混ぜる。器に入れ、水気を切ったみょうがと1をのせる。半分に切ったすだちをのせ、しぼって食べる。

（左）魚を焼く、刺身に合わせる、マリネする…などいろいろな料理に使えるエキストラバージンオリーブオイル
（右）魚料理には「小出刃」と呼ばれる小ぶりの出刃包丁があると、とても便利です。刃が厚く、動かしやすい大きさなので、魚をおろすときも、骨を身から離すときも、ちょっと大きめの魚を骨つきのまま切るときも便利に使えます

まぐろのあぶり焼き

刺身用の魚の表面をあぶった半生の仕上がり。

外側の香ばしさと中のやわらかい生の感じが新鮮です。

これはたれがけですが、塩とすだち、わさびで食べても。

［材料］２～３人分
まぐろ（刺身用サク）150ｇ
ねぎ１本
酒・みりん各大さじ２
しょうゆ大さじ３　七味唐辛子少々
※まぐろのほか、かつおや鮭、ぶりでも

［作り方］

1・小鍋に酒とみりんを入れ、沸騰したらしょうゆを入れ、ひと煮立ちしたら火を止める。

2・まぐろは１㎝厚さ、長さ３㎝の角切りにする。ねぎは３㎝長さに切る。

3・まぐろとねぎを交互に串に刺して網焼きにする。途中２～３度たれをかける。

4・皿にのせ、七味をふる。

1　まぐろとねぎはほぼ同じ幅に切ると、串に刺しやすい

2　焼き網をよく熱してからのせ、両面を焼く

炭でいぶした竹串

お皿やお箸は好きなものを使っているのに、そこに市販の竹串を加えるのはちょっとさびしい気がずっとしていました。今は知り合いに頼んで、黒い竹串を何通りかのサイズで作ってもらっています。この黒は炭でいぶした色。網で焼くときはふつうの竹串を使い、焼き上がったらはずして炭の竹串に替えます。

蒸す。

白身魚のゆず蒸し
漬け物ごはん
あら汁

蒸す

蒸した野菜を食べるのは大好きですが、それと同じくらい蒸した魚も好き。
淡白な味だけに、魚本来の食感が味わえて、とても体にやさしいと思います。
ゆず蒸しのようにゆずの皮を器にした小さなおかずも、
大きな魚を野菜と一緒に蒸す大皿風のおかずも、
シンプルな切り身魚に薬味をのせたおかずも、どの蒸し魚もおいしい。
焼き魚や煮魚ではわからなかった、魚のうまみを知ることもあります。
蒸し上がったあとに、たれをかけて食べる楽しみもあります。
まずはそのまま、それから塩、しょうがだれ、ねぎだれ、ごまだれ、ポン酢。
マヨネーズやみそも、蒸した魚にとてもよく合います。
カロリーが低いこともうれしい話です。でもカロリーが低くても、
おいしくないものは作りたくないし、食べたくもならない。
おいしくて低カロリーで、ほかの調理法にはない味。
そんなおかずだから、また作りたく食べたくなるのだと思います。

「へらや菜箸、スプーンなどはすぐに取り出して使えるように、陶器や籐の入れ物に差していました。でも大きなものを入れると倒れたり、かさばったりするので、ステンレスの容器を企画、試作中です。底に重みをつけているので安定がよく、倒れません」
㈲明道　☎0256-61-1234

白身魚のゆず蒸し

ゆずの皮を器に、しぼり汁をたれに使う上品な蒸し物です。身のやわらかい白身魚と生しいたけ。具はこの2種類。一尾の魚が手に入ったら、あらと骨で汁を作るといいですよ。

［材料］ 2～3人分
白身魚（さわら、たい、むつなど） 1～2切れ
生しいたけ2～3枚
ゆず2個
酒・しょうゆ各適量
塩少々

［作り方］

1・白身魚はひと口大に切る。塩をふって20分おき、酒をふる。

2・しいたけは石づきを取り、食べやすく切る。

3・ゆずは器になるように中身をくりぬく。身は汁をしぼり（ガーゼを使うときれいにしぼれる）しょうゆを加えて、ゆずしょうゆを作る。ゆずの皮適量はせん切りにする。

4・ゆずの器に1、2を詰める。湯気の立った蒸し器に入れて7～8分蒸す。

5・ゆずしょうゆをかけ、皮のせん切りをのせる。

「ゆずは大きさによってしぼり汁の量が違うので、味をみながらしょうゆを加えてください。残ったゆず汁やゆずしょうゆは、刺身、塩焼きなどほかの魚料理に使って。焼いたきのこ類にもよく合います」

プラスもう二品

漬け物ごはん

［材料］ 2～3人分
漬け物（高菜漬け、ぬか漬けなど好みで）適量
温かいごはん2～3杯分
好みでごま少々

［作り方］
1・漬け物は粗いみじん切りにする。
2・炊きたてのごはんに1を混ぜる。好みでごまをふる。

あら汁

［材料］ 2～3人分
白身魚の頭や中骨、尾など1尾分
酒少々　塩適量
あさつきまたは万能ねぎの小口切り適量

［作り方］
1・魚の頭、骨、尾とひたひたの水を鍋に入れる。アクを取りながら静かに15分煮る。
2・酒と塩で調味し、ねぎを散らす。

たらと野菜の蒸し物
マヨネーズ添え

[材料] 2～3人分
生たらの切り身2～3切れ
カリフラワー½株
さやいんげん80g
マヨネーズ適量　塩少々

[作り方]
1・たらは皮を取り2～3等分して軽く塩をふる。カリフラワーは小房に分ける。
2・器に1と両端を落としたさやいんげんを並べ、蒸気の上がった蒸し器に入れて12分蒸す。マヨネーズを添える。
※マヨネーズの材料と作り方
ミキサーに卵1個、塩小さじ⅔、こしょう少々、酢大さじ1を入れて高速で混ぜる。サラダ油⅔～1カップをゆっくりたらしながら、とろりとするまで混ぜる。

たらと野菜は皿に入れて蒸しそのままテーブルへ。野菜の水分や蒸気が出るので、少し深さのある皿で

いわしの酒蒸し
たっぷりねぎのせ

[材料] 2～3人分
いわし5～6尾
だし昆布10㎝　酒大さじ3
わけぎ2～3本または細めのねぎ1本
塩少々　ポン酢適量
好みで七味唐辛子少々

[作り方]

1・いわしは頭とワタを取り、おなかはよく洗って水気をふき、軽く塩をふる。

2・わけぎまたは細いねぎは小口切りにし、冷水でもみ洗いをする。ふきんに包んで絞る。

3・水にくぐらせてやわらかくした昆布と1を器に並べ、全体に酒を回しかける。

4・蒸気の上がった蒸し器に入れ6～7分蒸す。2をのせてポン酢をかけ七味をふる。

昆布を水にくぐらせておく。魚をのせやすく蒸し上がりもきれい。いわしは尾の部分をそろえてのせる

「蒸した魚にはマヨネーズがよく合うのよ。マヨネーズを使うときは、カロリーなんか気にしないでたっぷりと。もちろん市販のマヨネーズでもいいけれど、新鮮な卵で作ったマヨネーズはホイップクリームのように軽くて、また格別の味です」

湯気の立ったお皿をそのままテーブルへ

蒸し物のときは蒸す容器を考えたいですね。耐熱であることはもちろんですが、蒸し器に入れられて、熱いままを取り出しやすい大きさであることも大切。蒸し器を選ぶときも、このことを考えるといいですよ。

特に魚は身がやわらかいので、耐熱容器で蒸したあと別のお皿に移すと、身がくずれてしまい、きれいに仕上がりません。

お皿ごと蒸して、そのまま食卓へ移せば失敗がないし、湯気の立ったお皿がテーブルに運ばれるほうがおいしそうでしょう?

揚げる。

揚げたらの香味だれ ナッツごはん

揚げる

魚は肉に比べて身がやわらかいので、揚げることによって、
衣のカリッとした食感と、中の身のやわらかい口当たりとの両方が楽しめます。
衣をつけないで素揚げにする、粉にスパイスやハーブで味をつけて衣にする、
から揚げにしてたれをかけるなど、同じ素材でも揚げ方のテクニックはいろいろ。
揚げる油もいつもサラダ油というのではなく、オリーブオイルやごま油に
替えたり混ぜたりすることで、風味がまったく変わります。
揚げ物で気をつけたいことは、油はねを防ぐこと。
つまり水気を残したまま油には入れないということです。
揚げる前に魚の水気はよくふく、粉をしっかりまぶす、
この2つに気をつければ揚げ物は怖くなんかないですよ。
おつまみにもいいし、ごはんのおかずにもいいし、冷めてもおいしいから
お弁当のおかずにもいい。うれしいポイントがたくさんあるのだから、
揚げ物を敬遠しないで、おいしく作って元気に食べてほしいです。

「キッチンが汚れるから家では揚げ物を作らない、という人がいますが、もったいないなあと思うのよ。油汚れなんて揚げ物も炒め物も同じこと。さっとふけばいいじゃない。揚げたてのおいしさを考えたら、簡単なこと」

揚げたらの香味だれ

から揚げにたれをかけると、素材がシンプルでもぐっとごちそうに。鶏肉でよく使う方法ですが、白身魚なら同じ手順で作れます。ごはんやめんのおかずにぴったり。

［材料］ 3～4人分
生たら（小） 1尾
または切り身3～4切れ
ねぎ½本　唐辛子1～2本
しょうが・にんにく各1片
しょうゆ大さじ2強　酢大さじ1½
薄力粉・揚げ油各適量

［作り方］

1・たらを1尾で使う場合は、頭とワタを取り骨つきのままぶつ切りにする。切り身なら3～4㎝幅に切る。

2・ねぎはみじん切り、唐辛子は種を取ってみじん切り、しょうがとにんにくもみじん切りにする。しょうゆ、酢と混ぜてたれを作る。

3・たらは水気をしっかりふいて粉を全体にまぶし、高温の油でカリッと揚げる。

4・油をよく切って器にのせ、2をかける。

「たらは身がやわらかいので、カリカリに揚げるほうがおいしいの。揚げると身が縮むので、十分に揚げると骨が見えてきます。さわらやまながつおなど、少し身のかたい魚は揚げ時間をもう少し短くしたほうがいいですね」

プラスもう一品

ナッツごはん

［材料］ 3～4人分
ナッツ½カップ
（松の実、生ピーナッツなど）
温かいごはん3～4杯分
揚げ油適量　塩少々

［作り方］
1・揚げ油にナッツを入れ、弱火で色づくまで揚げる。揚げたてに塩をふる。生ピーナッツなどの場合、粗いざく切りにする。
2・温かいごはんに混ぜる。

「たらを揚げる前、油の温度が高くならないうちに、ナッツを入れ、弱火で揚げます。強火だと焦がす心配があるので気をつけて。バットに入れ、ここで塩味をつけてからごはんに混ぜると味がよくなじみます」

えびといかのフリット

フリットはフライのこと。衣をつけたものも、素揚げのものも両方この名前で呼びます。えびといかはフリットの代表選手。

［材料］２～３人分
いか１ぱい　えび４～６尾
にんにくのすりおろし１片分
塩小さじ１　五香粉小さじ１
粉唐辛子小さじ⅓
薄力粉１カップ強
揚げ油適量

［作り方］

1・えびは頭と殻を取って背ワタを抜く。

2・いかは皮をむき、ワタを出す。水気をよくふき、1cmの輪切りにする。

3・ボウルに薄力粉を入れ、にんにくのすりおろし、塩、五香粉、粉唐辛子を加えて混ぜる。

4・別のボウルに1を入れ、3を3分の1くらい加えて混ぜる。

5・2も入れ、残りの3を3回に分けて加える。そのつど手でよくもみ込み、衣が全体につくようにする。

6・中温の油に入れてからりと揚げる。

1　いかは特に油がはねやすいので、衣を十分になじませる

2　油をよく切って取り出す。網じゃくしがあると便利

スパイス使い

揚げ物の場合、衣にする粉にスパイスを混ぜることで、味の変化を手軽につけられます。ここでは五香粉と粉唐辛子を混ぜましたが、クミンやタイムでもいいし、カレー粉も魚によく合います。分量の目安は粉1カップにスパイス小さじ1、カレー粉は味が強いので少し少なめに使います。ハーブを混ぜるときはオリーブオイルで揚げる方法もあります。

揚げ魚ごはん

ベトナム、カントーの市場で、店番のおばさんが自分用に作っていたおかずからヒントをもらいました。カリカリの魚とごはんとたれと、全部混ぜていただきます。

［材料］２～３人分
さわらの切り身２～３切れ
ピーナッツまたはカシューナッツ
（塩気の強くないもの）適量
しょうがのすりおろし１片分
ナンプラー大さじ１強
揚げ油適量　温かいごはん２～３杯分
あれば香菜適量

［作り方］

1・ナッツは油で色づくまで揚げ、粗く刻む。

2・さわらは表面の水気をふき、塩、こしょうはふらずにそのまま油に入れる。フライやカツの揚げ色よりも色濃くなるまでしっかりと揚げる。油はしっかりと切る。

3・揚げたてにしょうがをのせてナンプラーをかけ、味をしみ込ませる。身をほぐし、さわらとしょうがとナンプラーがからむようにする。

4・温かいごはんに３と１をのせ、香菜ものせる。全体をよく混ぜ合わせながら食べる。

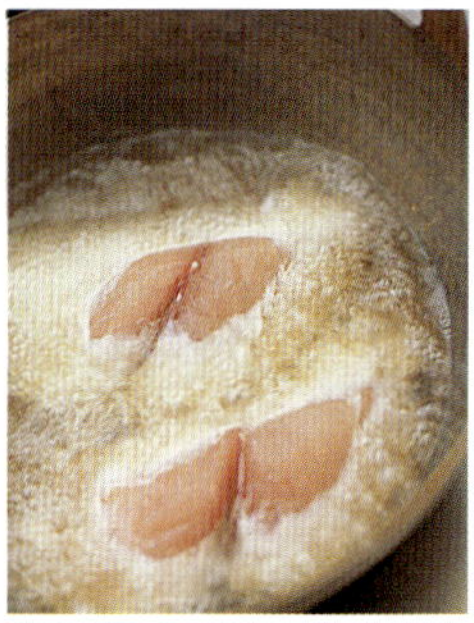

1　魚には粉をまぶさず、水気をふくだけでそのまま揚げる

2　カリカリに揚げる。すぐにしょうがとナンプラーをかける

「市場のおばさんはね、小さなお鍋を使い、慣れた手つきでカリカリに揚げていたの。ごはんにのせて、ナンプラーをかけて、箸でクチュッと混ぜて。いい香りがして本当においしそうで、そばでずっと見ていたのよ」

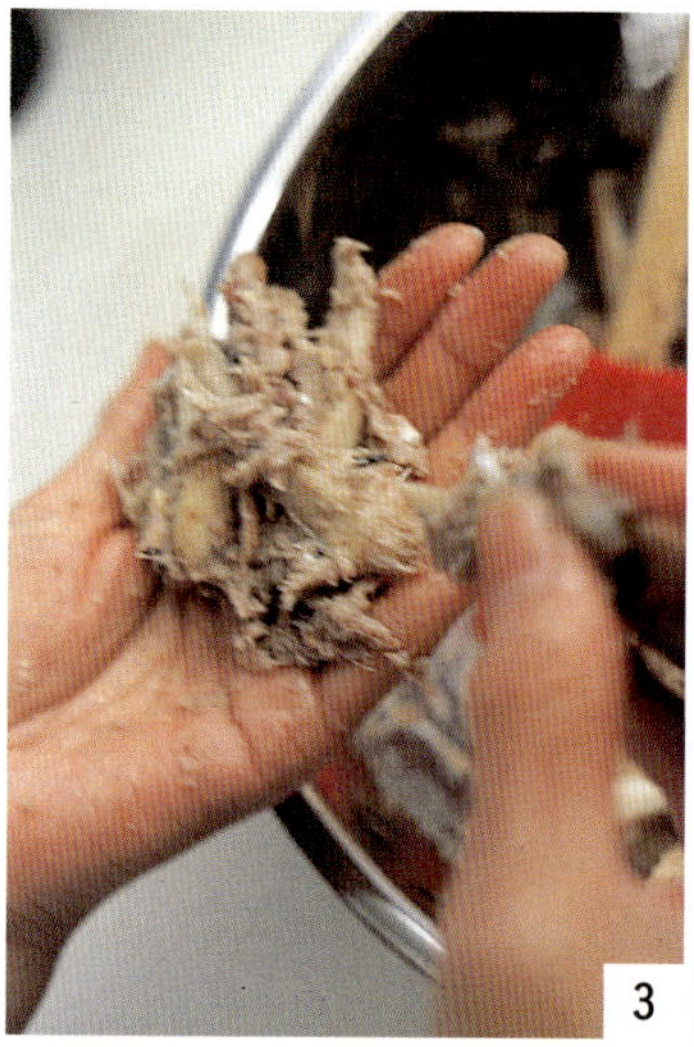

揚げ魚を楽しむ

つみれを作る

フードプロセッサーがあると、魚のつみれが簡単に作れます。逆にフードプロセッサーがあれば、つみれが作りたくなるといってもいいくらい。いわしのように骨のやわらかい魚は、小骨も皮もついたままフードプロセッサーにかけても大丈夫。栄養価の高いつみれになります。いかやえびや白身魚もつみれ向き。揚げるのもおいしいし、焼いたり蒸したり、スープにしたり、楽しみ方はいろいろです。


1・いわしの場合は三枚におろした後、皮と小骨がついたままフードプロセッサーにかける。塩、しょうが、片栗粉も一緒に。

2・ボウルに入れ、他の具を入れる場合はここで混ぜる。ここではごぼうをたっぷり使う。ゴムべらを使うと混ぜやすい。

3・大さじ山盛り１くらいを手に取って、楕円形にまとめる。

4・やや濃いめに色がつくくらい揚げる。

いわし、あじ、さばなど青背の魚のほか、たいやたら、いかやえびもすり身向き。白身魚は皮を取ったほうが、口当たりのいいなめらかなすり身になる

いわしと大きめに切ったごぼうを合わせたつみれです。
ほどよい歯ごたえと、揚げたての香りを楽しむため、
からしとしょうゆを少しだけつけていただきます。

いわしのすり身のひと口揚げ

［材料］ 3～4人分
いわし（三枚におろす）4尾
ごぼう1本
しょうがのみじん切り1片分
片栗粉大さじ1 ½
揚げ油・しょうゆ・練りからし各適量
塩少々

［作り方］

1・ごぼうは大きめのささがきにして、酢水に5分つける。

2・いわしは皮と小骨がついたまま、しょうが、塩、片栗粉と一緒にフードプロセッサーにかける。

3・ボウルに2を入れて、水気をしっかりふいた1を加える。

4・食べやすく手でまとめ、やわらかく仕上がるように真ん中を少しふくらませる。中温に熱した揚げ油に入れ、こんがりと揚げる。しょうゆやからしを添える。

かき揚げ

衣を別に作らず、粉と水を材料にふり入れて作るから、手軽で作りやすい。小さくまとめると失敗しません。

桜えびと春菊のかき揚げ

［材料］ 3～4人分
桜えび（乾燥） 40ｇ
春菊の葉先両手のひらいっぱい
薄力粉大さじ8～9
揚げ油適量　塩少々

［作り方］

1・春菊は葉先をちぎり、水に浸してパリッとさせる。水気をあまり切らずに桜えびと一緒にボウルに入れ、薄力粉をパラパラとふり入れる。

2・冷たい水を少しずつ入れる。箸で軽く混ぜて具がくっつく程度まで。目安は薄力粉よりもやや少ないくらい。

3・まとまったら箸でつまんで状態を確認し、バラバラになるときは、粉を少量足す。

4・揚げ油を熱し、まだぬるいところで3をひとつ入れ様子を見る。3～4分かけてゆっくりと揚げ、表面がカリカリに乾いた感じになるようにする。油を切り、塩をふる。

1　材料をボウルに入れ、粉を全体にふり入れる

2　水が多すぎると、油の中で具が離れてしまうので少しずつ

3　箸でつまんで、くっつきを確認。具が落ちない程度がいい

4　ぬるい油から具を入れ、温度を上げながらゆっくり揚げる

ほたてとさつまいものかき揚げ

［材料］ 3～4人分
ほたて貝柱4～5個
さつまいも（小） 1本
卵1個
薄力粉大さじ8～9
揚げ油適量　塩少々

［作り方］
1・ほたては1㎝の角切りにする。さつまいもも1㎝角に切り、水にさらしてから水気を切る。
2・1をボウルに入れ、ほぐした卵と薄力粉を加えてさっくりと混ぜる。
3・中温の揚げ油に2をスプーンですくって入れ、揚げる。油を切り、塩をふる。

汁とスープ。

きんめだいのココナッツスープ
ミントライス

汁とスープ

イタリアではやはり地中海の魚が多いので、
身のやわらかさを生かしたスープをよく作ります。
でも1種類の魚では味が少し弱いこともあり、何種類かの魚を使ったり、
だしのよく出る貝を入れたりします。魚に合わせたハーブもよく使います。
こういった魚いっぱいのスープを日本でも作ることがありますが、日本の魚は
単品でもとても強い味の力があるので、複数の魚を混ぜないでシンプルに作ると、
またしみじみと日本の魚っておいしいなあ、と思ったりもします。
この本で紹介しているのは、そんな具の種類の少ない汁とスープです。
きんめだい、さば、あさり、いわし。
魚のもつシンプルな味を最高に生かした、
派手さはないけれど力強い汁、またすぐに作りたくなるスープ。
たっぷりのねぎ、塩、ハーブ、山椒…ちょっとだけ味と香りをプラスして
深いおいしさを味わってください。

レモングラスはもう何年も育てています。とても丈夫なハーブなので、料理にハーブティーに、一年中便利に使っています。葉元は刻んで料理に使い、葉先はレモングラスティーに。タイムやローズマリー、イタリアンパセリも、料理に幅広く使えるハーブ

きんめだいのココナッツスープ

ココナッツミルクとカレーペーストがベースの、さらりとしたスープ。具はシンプルにきんめだいだけで作ります。

[材料］ 2～3人分
きんめだい2切れ
タイカレーペースト大さじ1～2
にんにく1片
ココナッツミルク1カップ
ナンプラー大さじ2
サラダ油大さじ1　塩少々
あればバイマックルー2枚
レモングラス1本

[作り方］

1・きんめだいは1切れを2～3等分する。にんにくは薄切りにする。

2・鍋に油を熱し、カレーペーストとにんにくを加えて香りが立つまで炒める。

3・ココナッツミルクと水1½カップを加えて煮立て、きんめだいとナンプラー、バイマックルー、レモングラスを入れる。

4・塩で味をととのえ、きんめだいに火が通るまで7～8分煮る。

タイカレーペーストを使ってスープベースを作り、ココナッツミルクと水を注いでのばします。魚は火の通りが早いので短時間で作れます。レモングラスやバイマックルーがあると香りよく、より深い味わいに。しめじや絹さやを入れてもおいしい

プラスもう一品

ミントライス

[材料と作り方］ 2～3人分
ごはん2～3杯分に、スペアミントの葉適量を軽く混ぜる。ミントの葉適量を飾る。

「スープとごはんで食べてもいいし、こんなふうにごはんにかけてもおいしいの。ココナッツミルクを使った白いスープなので、きんめだいの赤がさらにきれいに見えます」

さばの船場汁

骨つきのさばとだし昆布を煮た、魚好きにはたまらないシンプル汁です。最後に粗びきこしょうをふってぴりっと。

［材料］２～３人分

さば（二枚おろしにしたものの骨つきの半身）１枚
だし昆布５cm
ねぎ½本
塩・粗びきこしょう各適量

［作り方］

1・さばは骨つきのままぶつ切りにする。
2・ねぎは小口切りにし、水にさらしてから水気を切る。
3・さばと昆布を鍋に入れ、かぶるくらいの水を加えて静かに煮る。
4・途中アクを取り除き、魚のだしが出てきたら塩で調味し、器に盛る。
5・ねぎをのせて、こしょうを多めにふる。

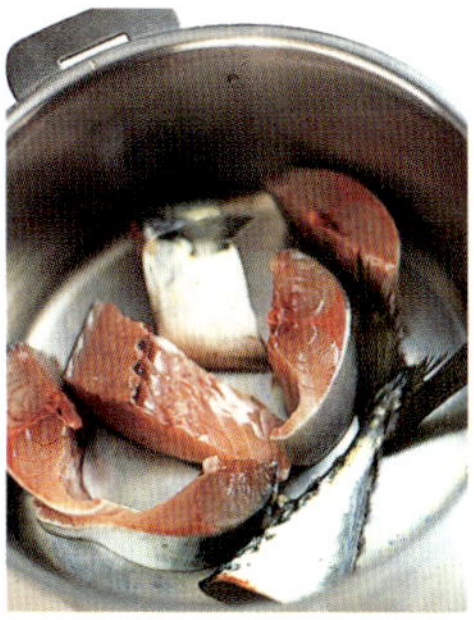

1　強火で煮ると汁が濁るので、さばは水から入れて静かに煮る

2　アクをていねいに取ると、より澄んだ汁になる

ねぎの使い分け

ねぎにはふつうの太さのねぎと細ねぎがあります。切り方にもいろいろあって、斜めに厚く切る、薄い小口切りにする、青いところだけを使う、白い部分をさらしねぎにするなど、料理の用途によって応用範囲の広い素材です。火を通す場合は太めに、仕上げにのせる場合は薄い小口切りにするのが基本。どちらもたっぷり使うほうが絶対においしい。

何種類もの魚や貝類がなくても、たった1種類、
あさりを使うだけで、大満足のスープができます。
うちでは「あさりのブイヤベース」と呼んでいます。

あさりのイタリア風スープ

［材料］ 3～4人分
あさり（砂抜きしてよく洗ったもの）
500～600 g
にんにく½片
白ワイン¼カップ
オリーブオイル適量
イタリアンパセリのみじん切り少々
塩・こしょう各適量
バゲット適量

［作り方］

1・バゲットは薄く切り、オリーブオイル大さじ2をぬってトーストする。

2・にんにくは包丁の背でつぶす。

3・鍋にあさりと水2カップ、白ワイン、にんにく、塩、こしょうを入れ、ふたをして火にかける。

4・殻が開いたら塩で味をととのえる。

5・1を器に入れ4を注ぐ。イタリアンパセリをふり、好みでオリーブオイルを。

あさりのだしを大切に、ごはんを入れてコトコトと煮るだけ。ここでもさらしねぎを山盛りのせ、仕上げに粉山椒をふって味を引き締めます。

あさりの卵とじ雑炊

［材料］ 2～3人分

あさり（砂抜きしてよく洗ったもの）
　500～600ｇ
卵2個
ごはん1 1/2カップ
さらしねぎ・粉山椒各適量
塩・しょうゆ各少々

［作り方］

1・鍋にあさりとひたひたの水を入れて、火にかける。
2・殻が開いたら取り出して身を鍋に戻す。ごはんを入れ7～8分煮る。
3・塩としょうゆで調味する。溶いた卵を流し入れ、半熟状で火を止める。
4・器に入れて、さらしねぎをたっぷりのせ、粉山椒をふる。

すり身だんご汁

すり身を汁やスープに使うと、それが何よりのだしになって、コクのある汁が簡単に作れます。ねぎと大根を入れて食べごたえのあるひと皿に。

［材料］３〜４人分
いわし（三枚におろす）４尾
しょうがのみじん切り１片分
片栗粉大さじ１ ½
大根５〜６cm
ねぎ½本
煮干しだしまたは水４カップ
塩・こしょう各適量

［作り方］

1・いわしは皮と小骨がついたまま、しょうが、塩少々、片栗粉と一緒にフードプロセッサーにかける。

2・大根はいちょう切り、ねぎは斜め切りにする。

3・鍋にだしを入れて温め、大根を入れて煮る。

4・塩で味つけをし、大根がやわらかくなったら１をスプーンで丸めながら加える。

5・火が通ったらねぎを入れてさっと煮る。器に注ぎ、仕上げにこしょうをふる。

すり身の粗さは好みで。いわしは少し粗いほうがおいしい

すり身の冷凍

すり身はまとめて作るほうが便利なので、いつも多めに作ります。食べきれないときはすぐに冷凍。薄く平らにしてラップに包み、さらに冷凍用のパックに入れれば万全。こうすれば楽に解凍でき、料理の手間も省けます。

干物とトマトときゅうりのサラダ

［材料と作り方］ 4人分

1・干物2枚は焼いて食べやすく切る。

2・トマト1個はざく切り、きゅうり1本は小口切り、玉ねぎ½個は薄切りにして水にさらす。

3・オリーブオイル大さじ3〜4、レモン汁大さじ2、にんにくのすりおろし½片分、塩・こしょう各少々をよく混ぜてドレッシングを作る。

4・ボウルに1、2、3を入れて和え、レタス適量を敷いた器に入れる。イタリアンパセリ適量を飾る。


魚料理のバリエーションを広げるための、ちょっとしたコツと、そこから生まれたレシピ。うちでふだんしているのはこんなことです。

魚はサラダもおいしい

「刺身を使う」のところでもお話ししましたが、いつもの食べ方をちょっとだけ変えてみると、メニューが広がることがよくあります。

たとえば魚をサラダにして食べること。刺身用のまぐろやいかだけでなく、あじ、かますなど冷蔵庫にストックしがちな干物も、私は野菜と一緒に食べたいので、焼いてからよくサラダにします。オリーブオイルやレモン汁やにんにくを使った洋風のドレッシングに少し塩気のある干物がとてもよく合うのよ。野菜はトマトやきゅうりやレタスなどベーシックなサラダ野菜なら何でも。玉ねぎのスライスが入ると味がぐっと引き締まります。

うちで一年中作っているものに、たたいた梅干し、ごま油、しょうゆ、時にはおろしにんにくも混ぜて作る

いかの梅和えサラダ

［材料と作り方］ 4人分

1・いか1ぱいは皮とワタを取り、細切りにしてさっとゆでる。

2・万能ねぎ適量は小口切りにする。

3・梅干し3〜4個、ごま油大さじ1〜1½、しょうゆ大さじ1強を合わせて1を和える。器に入れ2をのせる。

あじのパン粉焼き

[材料と作り方] 3～4人分

1・あじ2尾は三枚におろし、身に塩・こしょう各少々をふる。

2・浅めの耐熱皿にオリーブオイル少々をぬってあじを並べる。

3・パン粉1カップ、イタリアンパセリのみじん切り大さじ2、プチトマト5個のみじん切り、パルミジャーノチーズのすりおろし1/3カップ、にんにくのみじん切り1片分を混ぜる。

4・2に3をふりかける。その上からオリーブオイル大さじ4を回しかける。

5・熱したグリルに入れ、表面にこんがりと焼き色がつくまで焼く。

ドレッシングがあります。野菜にもしゃぶしゃぶ肉にも使いますが、白身魚やいかの刺身、酒蒸しのいわしにも合います。煮物や揚げ物のサブおかずとしても重宝しますよ。

グリルのこんな使い方

高温、短時間で火が通るグリルが魚料理にとても役立つことは、焼き魚のところでみてきましたが、グリルにはもうひとつのうれしい機能があります。それは火の通りやすいものならオーブンの代わりに使えるということ。あじやいわしなどをグラタン風に焼くときも、よく使います。

私はどちらかというとクリーミーなソースよりも、カリカリの衣がのっているほうが好きなので、魚のときはよくパン粉焼きをします。魚に合うように、パン粉、チーズ、トマト、にんにくを入れた衣を使って。香ばしくほどよい酸味もあって、これがあれば具が魚だけでも立派なひと皿のでき上がり。ポイントは焼き魚同様、十分にグリル内を熱くしてから入れること。

いかとキウイのサラダ

[材料と作り方] 4人分

1・いか刺身用1ぱいは薄切りにする。

2・キウイ2個とトレビス3枚は食べやすく切る。玉ねぎ1/4個は薄切りにし、冷水でもみ洗いする。

3・粒マスタード小さじ2、レモン汁大さじ2、オリーブオイル大さじ4、塩・こしょう各少々を混ぜる。

4・1、2を盛り、3をかける。セルフィーユ5～6本を飾る。

白身魚のソテーたらこソース

［材料と作り方］ 4人分

1・フライパンににんにくのみじん切り2片分とオリーブオイル大さじ3〜4を入れて香りが出るまで弱火で炒める。甘塩たらこ（大）1腹をほぐして加え、少し色づいてパリパリになるまで炒める。種を取ってみじん切りにした唐辛子1本とレモン汁大さじ2、イタリアンパセリ2〜3本のみじん切りを加えて火を止める。
2・白身魚（ここではたら、ほかにあじやめかじきでも）に塩・こしょう各少々をふってオリーブオイルでソテーする。ゆでたパスタと一緒に器に盛り、1をかける。

小魚もいっぱい食べよう

わが家ではじゃこやしらす、桜えびなど干した小魚にちょっと火を通してたくさん食べます。78〜79ページのかき揚げのように、野菜と一緒に揚げることもあるし、フライパンでからいりして香ばしくすることもあります。特にじゃこは大好きなので、さっと揚げて塩味やほんの少ししょうゆ味をつけて冷蔵庫へ。よくどんぶり風に白いごはんにのせて食べますね。

ちりめんじゃこもいっておくと、冷ややっこにのせたり、トマトやレタスのサラダに混ぜたり、いろいろと利用できます。たらこもそのままだと日持ちしないので、焼いて身をほぐしポロポロにします。ごはんはもちろん、ゆで野菜のサラダに混ぜてもおいしい。

たらこソースがあれば

たらこの使い方でもうひとつおすすめしたいのが、たらこソース。うちにいらっしゃる方の間でもちょっ

揚げじゃこのストック

［材料と作り方］ 4人分

1・中温の揚げ油で、じゃこを色づくまで揚げる。熱いうちにしょうゆ少々をふる。ごまや七味唐辛子をふってもおいしい。

たらこソースはとにかくパリパリに火を通すこと。中途半端だとおいしくないの。魚とパスタとたらこソースと、あと白ワインがあれば

としたブームになりました。作り方はとっても簡単で、にんにくとたらこをパリパリに炒めて、レモンと唐辛子で風味をつけるだけ。ソテーした魚のソースにしてよし、パンにもパスタにも、野菜にもよく合うの。白いお皿にソテーした魚とパスタを一緒に盛ると、おしゃれでしょう？

味気なくしない工夫

うなぎの蒲焼きは好きでよく買います。冷凍うなぎも一年中手に入るようになりましたね。蒲焼きを1串のまま出すのでは、ちょっと味気ないから食べやすく切り、もうひと素材小口切りにしたきゅうりを合わせます。やわらかいうなぎの甘辛味と、歯ざわりのいいきゅうりの組み合わせはとても新鮮。

たらこも蒲焼きも、そのままお皿に並べるだけではどこか味気ない。そこにプラスワンの何かを考えるのは、とても楽しいことです。おいしい素材の組み合わせ、おいしい盛りつけ、それが食べる人に喜んでもらえればなおさらです。

うなぎの蒲焼きときゅうりのどんぶり

[材料と作り方] 2〜3人分

1・うなぎの蒲焼き2串は添付のたれと酒大さじ1をかけ電子レンジで温める。食べやすく切り粉山椒少々をかける。きゅうり2本は小口切りにして塩水につけ、しんなりしたら水気を絞る。温かいごはんに実山椒の塩漬け適量と一緒にのせる。

魚のグループと旬の話

魚には大きく分けて青魚と、白身魚、赤身魚があります。青魚は皮の背が青い魚の総称で、あじ、いわし、さば、さんまなどが代表です。白身魚は種類が多く、たい、たら、いさき、かれい、さわら、すずきなど。全体に淡白なうまみがあります。赤身魚はまぐろに代表されるもの。かつお、鮭、めかじきもこのグループです。この本でも何度か書きましたが、魚のグループを知っていると、料理のレシピに書かれている魚が手に入らない場合でも他の魚で代用できるし、メニューの幅も広がります。

魚には、肉にはない「旬」があります。さわらやかれいは春、あじやかますやすずきは夏、いわしやさんまは初秋、さばやぶりやふぐは冬、というように。たいは一年に2度、旬の時期があり、産卵前の春は「桜鯛」、油がのった秋は「紅葉鯛」という、とてもきれいな名前で呼びます。旬の魚は水揚げが多いので値段が安く、なによりおいしいのです。

（左）いわしは青魚の中では小さいので、ほとんどの場合、頭とワタを取り一尾で使う
（中）上からたら、めかじき、さば。並べてみると皮や身の色の違いがわかる
（右）ぶつ切りにした骨つきのたら。ふだんは切り身で売られているが、骨つきで使うとまた違うおいしさがある

「薬味」を上手に使って

魚にはそれぞれ特有のにおいがあります。それを消し、さらに個性的な香りや風味をつける、「薬味」と呼ばれるものが日本にはたくさんあります。香味野菜や柑橘類、スパイスなど。たとえば刺身にしても、わさびにしょうが、にんにく、青じそ、あさつきや万能ねぎ、すだちやレモンなどを添えますね。焼き魚に使うみょうがの酢漬け、煮魚に使うしょうがの薄切り、蒸し魚に使うゆず、汁やスープに入れるねぎや三つ葉や香菜。うなぎの蒲焼きにふる山椒…ふだんの魚料理を思い起こしてみても、薬味が果たしている役目の大切さがわかると思います。

私は薬味野菜をたっぷり添えるのが好き。しょうがも、ねぎも青じそもそう。ねぎは薬味というよりも野菜のひとつだと考えてのせます。ゆずは皮をむいて汁をしぼり、皮もせん切りにして使います。薬味をむだなく上手に使うと、魚料理の味も仕上がりもぐっとアップしますよ。

あさつきや三つ葉、青じそはもちろん、みょうがやしょうがも氷水につけておく。野菜がほどよく水分を含むので、歯ざわりが全然違ってくる。ねぎをせん切りにして使う場合は、白い部分をせん切りにしたあと、氷水につける。ぬめりがとれてシャキシャキした歯ごたえになる。この状態を「白髪ねぎ」と呼ぶ

有元葉子(ありもとようこ)

東京、イタリア、長野、3つの家を行き来しながら生み出すシンプルで力強い料理が人気。料理以外にも台所の基本的な道具「la base」のシリーズをデザインするなど、活動の幅もさらに広がっている。近著に『暮らしを変えたい！』(集英社be文庫)、『家族のごはん作り1&2』(メディアファクトリー)ほか多数。

撮影　竹内章雄

スタイリスト　肱岡香子

デザイン　設楽陽子

有元葉子の魚料理

2004年9月10日　第1刷発行

著　者　　有元葉子

発行者　　谷山尚義

発行所　　株式会社　集英社

〒101-8050　東京都千代田区一ツ橋2-5-10
03-3230-6289（編集部）
電話　03-3230-6393（販売部）
03-3230-6080（制作部）

印刷所　　凸版印刷株式会社

製本所　　株式会社石毛製本所

ISBN4-08-333032-5
定価はカバーに表示してあります。